Martín Fierro
DE JOSÉ HERNÁNDEZ
Arte y Literatura para Chicos

FRAGMENTOS
Textos seleccionados de la versión original de José Hernández

Producción y Selección de obras
Departamento de Promoción Cultural del Grupo Velox

Selección de textos: Grupo Archipiélago
(María Martha Estrada, Soledad Costantini,
Jacqueline Perpén, Valeria Mihanovich)

Obras ilustradas de:
Prilidiano Pueyrredón
Ángel Della Valle
Juan Manuel Blanes
Epaminondas Chiama
Pedro Figari
Antonio Seguí

Proyecto Cultural Arte para Todos
Publicaciones patrocinadas por el Grupo Velox
para que la cultura sea accesible a toda la comunidad.

GRUPO VELOX

*Las palabras con este asterisco están explicadas en la última página, bajo el título **Glosario**.*

Las estrofas siguientes pertenecen al
Canto I - El gaucho Martín Fierro
sextinas: 1-2.

Aquí me pongo a cantar
al compás de la vigüela*
que el hombre que lo desvela
una pena estrordinaria,
como la ave solitaria
con el cantar se consuela.

Pido a los santos del cielo
que ayuden mi pensamiento:
les pido en este momento
que voy a cantar mi historia
me refresquen la memoria
y aclaren mi entendimiento.

Las estrofas siguientes pertenecen también al
Canto I - El gaucho Martín Fierro
sextinas: 16-17.

Mi gloria es vivir tan libre
como el pájaro del cielo
no hago nido en este suelo
ande hay tanto que sufrir,
y naides me ha de seguir
cuando yo remuento el vuelo.

Yo no tengo en el amor
quien me venga con querellas;
como esas aves tan bellas
que saltan de rama en rama,
yo hago en el trébol mi cama
y me cubren las estrellas.

Este cuadro se llama "El payador", fue pintado por Ángel Della Valle en 1899. Es un óleo sobre tela que mide 144 cm de alto por 95 cm de ancho y pertenece a una colección privada de Buenos Aires. Della Valle nació en Buenos Aires en 1852 y murió en la misma ciudad en 1903. Estudió en Italia y al regresar al país se dedicó a pintar los temas tradicionales argentinos: paisajes del campo, escenas de costumbres y cuadros históricos. Su obra más famosa se llama "La vuelta del malón", y se puede ver en el Museo Nacional de Bellas Artes.

Las estrofas siguientes pertenecen al
Canto II - El gaucho Martín Fierro
sextinas: 7-8-9.

Y apenas la madrugada
empezaba a coloriar,
los pájaros a cantar
y las gallinas a apiarse*,
era cosa de largarse
cada cual a trabajar.

Éste se ata las espuelas,
se sale el otro cantando,
uno busca un pellón* blando,
éste un lazo, otro un rebenque,
y los pingos* relinchando
los llaman dende el palenque*.

El que era pión domador
enderezaba al corral,
ande estaba el animal
bufidos que se las pela...
y más malo que su agüela
se hacía astillas el bagual*.

La estrofa siguiente pertenece también al
Canto II - El gaucho Martín Fierro
sextina: 12.

¡Ah tiempos!... ¡Si era un orgullo
ver jinetear un paisano!
Cuando era gaucho baquiano*,
aunque el potro se boliase*,
no había uno que no parase
con el cabresto* en la mano.

e cuadro se llama "Apartando en el corral", fue pintado por Prilidiano Pueyrredón. Es un óleo sobre tela que mide 62,2 cm de alto por 81 cm de ancho y pertenece a una colección
vada de Buenos Aires. Se trata de un detalle de la obra, es decir que no vemos el cuadro completo. Pueyrredón nació en Buenos Aires en 1823 y murió en la misma ciudad en 1870.
e el más grande retratista argentino del siglo XIX. Estudió en Francia y al regresar al país se dedicó a pintar a los personajes importantes de la sociedad porteña. También pintó el paisaje
los alrededores de Buenos Aires, el campo, los gauchos y sus costumbres.

Las estrofas siguientes pertenecen al
Canto III - El gaucho Martín Fierro
sextinas: 1-2.

Tuve en mi pago* en un tiempo
hijos, hacienda y mujer,
pero empecé a padecer,
me echaron a la frontera
¡y qué iba a hallar al volver!
tan sólo hallé la tapera*.

Sosegao vivía en mi rancho
como el pájaro en su nido;
allí mis hijos queridos
iban creciendo a mi lao...
Sólo queda al desgraciao
lamentar el bien perdido.

Las estrofas siguientes pertenecen al
Canto VII - La vuelta de Martín Fierro
sextinas: 6 -7.

Allí pasaba las horas
sin haber naides conmigo,
teniendo a Dios por testigo,
y mis pensamientos fijos
en mi mujer y mis hijos,
en mi pago y en mi amigo.

Privado de tantos bienes
y perdido en tierra ajena
parece que se encadena
el tiempo y que no pasara,
como si el sol se parara
a contemplar tanta pena.

Este cuadro se llama "Baqueano de espalda", fue pintado por Juan Manuel Blanes alrededor de 1850. Es un óleo sobre tela que mide 48 cm de alto por 41 cm de ancho y pertenece una colección privada de Buenos Aires. Blanes nació en Montevideo, Uruguay, en 1830, y murió en Italia en 1901. Admirado en su país y también en la Argentina, fue el iniciador la pintura histórica en el Río de la Plata. En el Palacio San José, en Entre Ríos, se pueden ver los cuadros de batallas que evocan los triunfos del general Justo José de Urquiza. Blar fue además el gran pintor del gaucho y sus costumbres, le gustaba mostrarlo descansando, recostado en la hierba o de pie contemplando el horizonte.

La estrofa siguiente pertenece al
Canto X - El gaucho Martín Fierro
sextina: 1.

Amigazo, pa sufrir
han nacido los varones;
éstas son las ocasiones
de mostrarse un hombre juerte,
hasta que venga la muerte
y lo agarre a coscorrones.

La estrofa siguiente pertenece al
Canto XIII - El gaucho Martín Fierro
sextina: 1.

Ya veo que somos los dos
astilla del mesmo palo:
yo paso por gaucho malo
y usté anda del mesmo modo,
y yo, pa acabarlo todo
a los indios me refalo*.

Las estrofas siguientes pertenecen también al
Canto XIII - El gaucho Martín Fierro
sextinas: 25-26.

Cruz y Fierro, de una estancia
una tropilla se arriaron;
por delante se la echaron
como criollos entendidos
y pronto, sin ser sentidos,
por la frontera cruzaron.

Y cuando la habían pasao,
una madrugada clara
le dijo Cruz que mirara
las últimas poblaciones;
y a Fierro dos lagrimones
le rodaron por la cara.

Este cuadro se llama "Los dos ponchos" y, como el anterior, fue pintado por Juan Manuel Blanes; es un óleo sobre tela que mide 53,5 de alto por 63 cm de ancho y pertenece al Mus Nacional de Artes Plásticas y Visuales de Montevideo. Se trata de un detalle de la obra, es decir que no vemos el cuadro completo.

También de Blanes es el cuadro que se reproduce en las páginas siguientes; se llama "Escena campestre", es un óleo sobre tela que mide 79,2 cm de alto por 118,5 cm de ancho pertenece al Museo Municipal de Bellas Artes Juan Manuel Blanes de Montevideo, Uruguay.

La estrofa siguiente pertenece al
Canto XXXII - La vuelta de Martín Fierro
sextina: 1.

Un padre que da consejos
más que padre es un amigo;
ansí, como tal les digo
que vivan con precaución:
naides sabe en qué rincón
se oculta el que es su enemigo.

La estrofa siguiente pertenece también al
Canto XXXII - La vuelta de Martín Fierro
sextina: 7

Al que es amigo, jamás
lo dejen en la estacada;
pero no le pidan nada
ni lo aguarden todo de él:
siempre el amigo más fiel
es una conduta honrada.

Las estrofas siguientes pertenecen al mismo
Canto XXXII - La vuelta de Martín Fierro
sextinas: 17-18.

Los hermanos sean unidos,
porque ésa es la ley primera;
tengan unión verdadera
en cualquier tiempo que sea,
porque si entre ellos pelean
los devoran los de ajuera.

Respeten a los ancianos,
el burlarlos no es hazaña;
si andan entre gente estraña
deben ser muy precavidos,
pues por igual es tenido
quien con malos se acompaña.

te cuadro se llama "Paisanos bonaerenses", fue pintado por Epaminondas Chiama en 1869. Es un óleo sobre tela que mide 138 cm de alto por 157,3 cm de ancho y pertenece a una
*ección privada de Buenos Aires. Se trata de un detalle de la obra, es decir que no vemos el cuadro completo. Su autor fue un pintor italiano que nació en 1844 y llegó a la Argentina
*ando tenía 16 años. Fue famoso por sus "naturalezas muertas", cuadros con frutas y verduras que decoraban los comedores de las casas de Buenos Aires. Son muy pocas sus obras
dicadas al gaucho y al paisaje de la pampa.

Las estrofas siguientes pertenecen al Canto V - La vuelta de Martín Fierro sextinas: 14-15-16-17.

Cuanto el hombre es más salvaje
trata pior a la mujer;
yo no sé que pueda haber
sin ella dicha ni goce:
¡feliz el que la conoce
y logra hacerse querer!

Todo el que entiende la vida
busca a su lao los placeres;
justo es que las considere
el hombre de corazón;
sólo los cobardes son
valientes con sus mujeres.

Pa servir a un desgraciao,
pronta la mujer está;
cuando en su camino va
no hay peligro que la asuste;
ni hay una a quien no le guste
una obra de caridá.

No se hallará una mujer
a la que esto no le cuadre;
yo alabo al Eterno Padre,
no porque las hizo bellas,
sino porque a todas ellas
les dio corazón de madre.

El cuadro se llama "Hacia el baile", fue pintado por Pedro Figari. Es un óleo sobre cartón que mide 49,5 cm de alto por 69 cm de ancho y pertenece a una colección privada de Buenos Aires. Se trata de un detalle de la obra, es decir que no vemos el cuadro completo. Figari nació en Montevideo, Uruguay, en 1861, y murió en la misma ciudad en 1938. A los 24 años recibió de abogado, y aunque le gustaba la pintura se dedicó por completo a su profesión. En 1921 vino a vivir a Buenos Aires y comenzó su carrera de pintor cuando ya había cumplido los 60 años. Retrató la vida en la época colonial, los candombes de los negros, el campo y las costumbres del gaucho.

Las estrofas siguientes pertenecen al
Canto X - La vuelta de Martín Fierro
sextinas: 21-22-23-24.

¡Todo es cielo y horizonte
en inmenso campo verde!
Pobre de aquel que se pierde
o que su rumbo estravea*!
Si alguien cruzarlo desea
este consejo recuerde.

Marque su rumbo de día
con toda fidelidá;
marche con puntualidad
siguiéndoló con fijeza,
y, si duerme, la cabeza
ponga para el lao que va.

Oserve con todo esmero
adonde el sol aparece;
si hay ñeblina y le entorpece
y no lo puede oservar,
guárdese de caminar,
pues quien se pierde perece.

Dios les dio istintos sutiles
a toditos los mortales;
el hombre es uno de tales,
y en las llanuras aquellas
lo guían el sol, las estrellas
el viento y los animales.

Este cuadro se llama "El corral de La Porteña", fue pintado por Pedro Figari. Es un óleo sobre cartón que mide 69 cm de alto por 99 cm de ancho y pertenece al Museo Ricardo Güiral San Antonio de Areco, provincia de Buenos Aires. Se trata de un detalle de la obra, es decir que no vemos el cuadro completo.

La estrofa siguiente pertenece al
Canto III - El gaucho Martín Fierro
sextina: 3.

Mi gala en las pulperías*
era, cuando había más gente,
ponerme medio caliente,
pues cuando puntiao* me encuentro,
me salen coplas de adentro
como agua de la virtiente.

Las estrofas siguientes pertenecen al
Canto IV - El gaucho Martín Fierro
sextinas: 12-13-14.

Era un amigo del jefe
que con un boliche estaba;
yerba y tabaco nos daba
por la pluma de avestruz,
y hasta le hacía ver la luz
al que un cuero le llevaba.

Sólo tenía cuatro frascos
y unas barricas vacías,
y a la gente le vendía
todo cuanto precisaba:
a veces creiba que estaba
allí la provedería.

¡Ah pulpero* habilidoso!
Nada le solía faltar
¡aijuna! y para tragar
tenía un buche de ñandú.
La gente le dio en llamar
"el boliche de virtú".

Este cuadro se llama "Pulpería", fue pintado por Antonio Seguí. Es un pastel y carbonilla sobre cartón, mide 63,5 cm de alto por 101 cm de ancho y pertenece a la Galería Rubbers. trata de un detalle de la obra, es decir que no vemos el cuadro completo. Entre los artistas que ilustran este libro, Seguí es el único pintor contemporáneo, es decir de nuestra época. N en Córdoba en 1934 y desde hace más de veinte años vive y trabaja en París, y aunque está lejos siempre recuerda su patria. Sus cuadros más conocidos son paisajes de la ciudad lle de hombrecitos de traje y corbata que caminan apurados, pero en los últimos años realizó una serie en la que recuerda con humor la vida tranquila del hombre de campo.

La estrofa siguiente pertenece al
Canto XXXIII - La vuelta de Martín Fierro
sextina: 13.

Y en lo que esplica mi lengua
todos deben tener fe;
ansí, pues, entiéndanmé,
con codicias no me mancho:
no se ha de llover el rancho
en donde este libro esté.

Las estrofas siguientes pertenecen también al
Canto XXXIII - La vuelta de Martín Fierro
sextinas: 17-18-19.

Pues son mis dichas desdichas,
las de todos mis hermanos;
ellos guardarán ufanos
en su corazón mi historia;
me tendrán en su memoria
para siempre mis paisanos.

Es la memoria un gran don,
calidá muy meritoria;
y aquellos que en esta historia
sospechen que les doy palo,
sepan que olvidar lo malo
también es tener memoria.

Mas naides se crea ofendido,
pues a ninguno incomodo;
y si canto de este modo
por encontrarlo oportuno,
NO ES PARA MAL DE NINGUNO
SINO PARA BIEN DE TODOS.

El cuadro de tapa se llama "Un alto en el campo", fue pintado por Prilidiano Pueyrredón en 1861. Es un óleo sobre tela que mide 75,5 cm de alto por 166,5 cm de ancho y pertenece al Museo Nacional de Bellas Artes de Buenos Aires. Se trata de un detalle de la obra, es decir que no vemos el cuadro completo.

JOSÉ HERNÁNDEZ Y EL MARTÍN FIERRO

José Hernández nació en la provincia de Buenos Aires, el 10 de noviembre de 1834. En su homenaje, ese día festejamos el Día de la Tradición. Cuando terminó la escuela primaria, por motivos de salud, debió mudarse al campo. Allí, en Laguna de los Padres, convivió con los gauchos y aprendió a domar potros, a bolear avestruces y también a defenderse de los malones de los indios. De gran estatura y extraordinaria fuerza, los paisanos decían que José Hernández era "mitad gaucho y mitad pueblero". Desde chico fue muy estudioso y le gustaban la poesía y la historia. Participó de las luchas civiles y fue escritor y periodista. En Buenos Aires fundó el diario *El Río de la Plata*. Desde sus páginas defendió a los gauchos que mandaban a la frontera a luchar contra los indios. Escribió *El gaucho Martín Fierro* en 1872. Siete años después publicó la continuación: *La vuelta de Martín Fierro*. Murió en 1886. Está enterrado en el Cementerio de la Recoleta en la Ciudad de Buenos Aires.

Las dos partes del *Martín Fierro* forman un largo poema dividido en 46 cantos. Cada canto, escrito en el lenguaje que usaban los gauchos, está compuesto por estrofas de 6 versos llamadas sextinas. José Hernández no era un gaucho, era un hombre de ciudad que había leído muchos libros, pero a quien le gustaba escuchar cómo hablaban los paisanos en las pulperías. Anotaba los refranes y los dichos de estos hombres analfabetos. Esta experiencia le sirvió para escribir su poema.

La primera parte nos cuenta cómo Martín Fierro vivía feliz con su mujer y sus hijos. Un día fue llevado por la fuerza a un fortín para defender la frontera de los indios pampas. Allí sufre injusticias y maltratos hasta que logra escapar. Cuando vuelve a su pago, su casa está abandonada y no encuentra a su familia. A partir de ese momento vive como gaucho desertor, escondiéndose en el campo. Una noche lo alcanza la policía y pelea solo contra toda la partida. El sargento Cruz, impresionado por su coraje, se pasa de su lado diciendo: "¡Cruz no consiente que se cometa el delito de matar ansí un valiente!". Juntos cruzan la frontera y se van a vivir al amparo de los indios.

En la segunda parte, *La vuelta de Martín Fierro*, los dos amigos llegan a las tolderías. Poco después, Cruz muere enfermo de viruela y le encarga a su amigo que cuide de su hijo Picardía. Para defender a una mujer blanca cautiva, Martín Fierro mata a un indio. Huye con ella y juntos vuelven a buscar a sus familias. En una carrera de caballos en el campo se encuentra con sus hijos y también con el hijo de Cruz. El menor de los hijos de Martín Fierro cuenta la historia del viejo Vizcacha. Después de este encuentro aparece el Moreno que desafía a Martín Fierro a una larga payada. En el final del poema, Martín Fierro se va a caballo con sus hijos y el de Cruz, a los que les da sus sabios consejos. Después se separan y cada uno sigue su camino.

GLOSARIO

Vigüela: *vihuela. Guitarra.*
Apiarse: *apearse. Bajarse del lugar donde estaban.*
Pellón: *piel de oveja que se coloca encima de la montura.*
Pingos: *caballos briosos.*
Palenque: *palo al que se atan los caballos.*
Bagual: *caballo sin domar.*
Baquiano: *baqueano. Hombre con destreza y habilidad en su oficio.*
Boliarse: *bolearse. Empinarse el potro parándose sobre las patas y al perder el equilibrio, caerse para atrás.*

Cabresto: *cabestro. Correa de cuero, más larga que una rienda, prendida a la argolla del bozal para atar el caballo o llevarlo de tiro.*
Pago: *lugar en que se ha nacido o vivido mucho tiempo.*
Tapera: *casa o rancho en ruinas y abandonado.*
Refalo: *resbalo. Correrse, pasarse a otro lugar o a otro bando.*
Estravea: *extravía.*
Pulperías: *almacenes del campo. Lugar de reunión de los gauchos.*
Puntiao: *medio borracho.*
Pulpero: *dueño de una pulpería.*

EDITADO POR EL GRUPO VELOX

Producción: Departamento de Promoción Cultural del Grupo Velox.
Responsable Editorial y Legal E.P.A.E.F.L.A. S.A. Ocampo 2866 (C1425DSQ) Buenos Aires - Argentina
Tel.: (54-11) 4809-4070 Fax: (54-11) 4809-4080. © COPYRIGHT BANCO VELOX
Queda hecho el depósito que marca la Ley 11.723 I.S.B.N. 987-1010-22-2 Prohibida su reproducción total o parcial.
Serie de libros de *Arte y Literatura para Chicos*. Colección *Clásicos de la Literatura Argentina*. Volumen I
Se terminó de imprimir en Buenos Aires, en agosto de 2001.

PROYECTO CULTURAL
ARTE PARA TODOS

Publicaciones patrocinadas por el Grupo Velox para que la cultura sea accesible a toda la comunidad.
GRUPO VELOX

$ 3,80.-

ISBN 987-1010-22-2